Imp. CHAIX, 2o, r. Bergère, Paris. 25286. 92

AFFICHAGE NATIONAL

—

DUFAYEL

—

AVRIL 1894

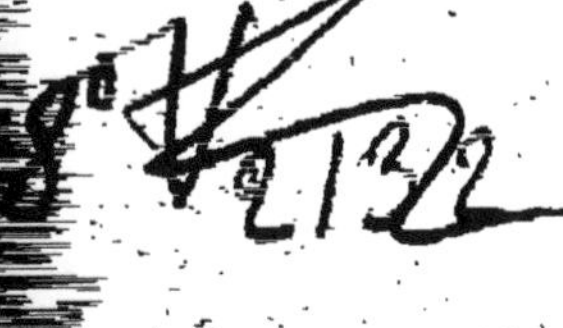

AFFICHAGE

L'affichage forme avec le prospectus le complément de toute grande publicité. Bien comprise, elle saute aux yeux et force l'attention des passants. C'est, si l'on peut s'exprimer ainsi, l'embryon du prospectus appelé, lui, à compléter par des notes plus étendues les détails que ne comporte pas le cadre restreint de l'affiche.

L'affiche rend immédiatement populaire l'objet qu'elle annonce : les théâtres, les concerts, les journaux y trouvent des avantages considérables.

Affiches sur Papier.

Pour une émission financière, une vente de tableaux, une représentation théâtrale, une élection, rien ne vaut les affiches sur papier. Notre maison se charge de les composer, de les timbrer et de les apposer aux conditions suivantes :

PRIX DU TIMBRE PAR AFFICHE

Quart Colombier (0^m,41 s. 0^m,30) . . . . » 06 c.
Demi-Colombier (0^m,60 s. 0^m,41) . . . . » 12
Colombier (0^m,82 s. 0^m,60) . . . . » 18
Grand-Aigle (1^m,05 s. 0^m,70) . . . . » 24
Double Colombier (1^m,20 s. 0^m,82) . . . . » 24
Double Grand-Aigle (1^m,40 s. 1^m,05) . . . . » 24
Quadruple Colombier (1^m,66 s. 1^m,20) . . . . » 24
Quadruple Grand-Aigle (2^m,10 s. 1^m,40) . . . . » 24

PRIX D'IMPRESSION DES AFFICHES

TIMBRE	DIMENSION DES AFFICHES — FORMAT	TIRAGE à 500	TIRAGE à 1.000	TIRAGE à 5.000	TIRAGE à 10.000
		fr.	fr.	le mille	le mille
6 cent.	Quart Colombier	30	35	33 fr.	32 fr.
12 —	Demi-Colombier	40	50	42	40
18 —	Colombier	70	85	70	65
24 —	Grand-Aigle	100	130	120	110
	Double Colombier	120	150	140	136
	Double Grand-Aigle	200	225	215	200
	Quadruple Colombier	300	350	325	300
	Quadruple Grand-Aigle	450	550	500	500

N. B. — Le timbre n'est pas compris dans le prix ci-contre, il est de :

Pour Quart Colombier . . . . 0.06 c.
— Demi-Colombier 0.12
— Colombier 0.18
Tous les formats au-dessus, 0.24 c. par affiche.

TARIF POUR POSE D'AFFICHES EN CONSERVATION

Dans les douze cents Cadres réservés à l'Affichage National
13, Boulevard Barbès, PARIS

FORMAT		PENDANT					
		10 jours	15 jours	1 mois	3 mois	6 mois	an
		fr.	fr.	fr.	fr.	fr.	fr.
6 centimes	1/4 Colombier (0m41 × 0m30) le cent	10 »	15 »	20 »	60 »	100 »	200 »
12	1/2 Colombier (0m60 × 0m41)	16 »	25 »	30 »	80 »	150 »	250
18	Colombier (0m82 × 0m60)	25 »	36 »	50 »	140 »	250 »	500
24	Grand-Aigle (1m05 × 0m70)	30 »	40 »	60 »	170 »	330 »	600
24	Double Colomb. (1m20 × 0m82)	40 »	60 »	90 »	240 »	450 »	900
24	Double Gr.-A. (1m40 × 1m05)	60 »	80 »	120 »	340 »	660 »	1.200
24	Quadrup. Col. (1m66 × 1m20)	80 »	120 »	150 »	400 »	800 »	1.500
24	Quad. Gr.-A. (2m10 × 1m40)	120 »	160 »	240 »	680 »	1.300 »	2.400

CONDITIONS GÉNÉRALES

1° L'Administration garantit l'entretien en bon état des affiches dans ses cadres, mais le client est tenu de fournir les affiches timbrées nécessaires pour remplacer celles qui pourraient se détériorer.

2° Dans le cas où il serait constaté par le client ou par les inspecteurs de l'Administration que des affiches ne sont plus en place, soit par le fait de la malveillance, du mauvais temps ou toute autre cause, il n'y aura lieu à aucune indemnité, mais l'Administration devrait les faire remplacer.

3° Si un des emplacements désignés par le client vient à disparaître pour quelque cause que ce soit ou faute de place dans ledit emplacement, l'affiche sera placée dans un cadre voisin.

4° L'absence de quelques affiches dans les cadres ne saurait être une cause de non-payement. Les affiches seront remplacées par l'Administration et, en cas d'impossibilité, il sera fait une réduction proportionnelle sur [illegible]

2000

CADRES ISOLÉS

A la hauteur du 1ᵉʳ étage

FORMAT DOUBLE COLOMBIER

TARIF

4 *francs par mois : Traité d'un mois.*

3 *francs par mois : Traité de 6 mois.*

2 *fr.* 50 *par mois : Traité d'un an.*

AFFICHAGE A L'ÉCHELLE

Petite échelle 2m50.

Quart colombier	Le cent.	5 »
Demi-colombier	—	6 »
Colombier	—	9 »
Double colombier	—	12 »
Quadruple colombier	—	20 »

Grande échelle 4m.

Quart colombier	Le cent.	12 »
Demi-colombier	—	15 »
Colombier	—	18 »
Double colombier	—	22 »
Quadruple colombier	—	35 »

Grande échelle, en conservation sur les murs réservés
de la ville de Paris. — Un mois.

Quart colombier	Le cent.	40 »
Demi-colombier	—	60 »
Colombier	—	80 »
Double colombier	—	120 »
Quadruple colombier	—	150 »

N. B. — On n'accepte pas de traités pour moins de 3 mois.

Téléphone.

POSE SIMPLE

DANS LE DÉPARTEMENT DE LA SEINE

même tarif que pour Paris

Avec un SUPPLÉMENT de 1 Fr. par COMMUNE

LISTE DES COMMUNES DE LA SEINE

Issy.	Rosny.	Asnières.
Vanves.	Villemomble.	Gennevilliers.
Clamart.	Bondy.	Ile-Saint-Denis
Châtillon.	Bobigny.	Epinay.
Bagneux.	Drancy.	Villetaneuse.
Fontenay-aux-Roses.	Le Bourget.	Pierrefitte.
Plessis-Piquet.	Dugny.	Stains.
Sceaux.	La Courneuve.	Saint-Denis.
Châtenay.	Aubervilliers.	Saint-Ouen.
Antony.	Les Quatre-Chemins.	
Bourg-la-Reine.		
Montrouge.		Saint-Mandé.
Malakoff.	Ivry.	Vincennes.
	Vitry.	Fontenay-sous-Bois
	Choisy-le-Roi	Montreuil.
Charenton.	La Rue.	Bagnolet.
Saint-Maurice.	Thiais.	Romainville.
Alfort.	Orly.	Les Lilas.
Créteil.	Rungis.	Pré-Saint-Gervais.
Bonneuil.	Fresnes.	
Saint-Maur.	Chevilly.	
La Varenne.	L'Hay.	Neuilly.
Joinville.	Villejuif.	Courbevoie.
Champigny.	Arcueil.	Colombes.
Petit-Bry.	Gentilly.	Bois-Colombes.
Nogent.	Cachan.	Nanterre.
		Puteaux.
		Suresnes.
Pantin.	Levallois-Perret.	Boulogne.
Noisy-le-Sec.	Clichy.	Billancourt.

AFFICHES SUR TOILE

L'affiche sur papier répond à des besoins d'actualité immédiate ; elle passe vite, recouverte par d'autres.

L'affichage de longue durée ne peut se faire qu'à l'aide de toiles peintes de grandes dimensions, apposées soigneusement à une hauteur suffisante pour assurer leur préservation et dans des emplacements spéciaux. Ces affiches, remarquables, par leurs dessins et leurs couleurs, peuvent durer plus de trois ans.

Nous nous chargeons de les faire confectionner et d'en faire l'apposition sur nos emplacements spéciaux, à Paris et en province, aux conditions ci-dessous.

Pour ces affiches, d'ailleurs, comme pour celles en papier, nous fournissons les justifications produites par nos correspondants de province, visées par les mairies de chaque localité.

Affiches peintes sur toile apposées à Paris et dans toutes les villes de France

garanties pendant 3 ans, durée du traité

APPOSÉES A PARIS ET DANS TOUTES LES VILLES DE FRANCE
Sur des murs appartenant à l'Administration.

PARIS
PEINTURE ET ENTRETIEN COMPRIS

1^m00 de superficie, par an (50 affiches au moins)	. . . .	10 fr.
2^m00 — — —	. . . .	15 »
4^m00 — — —	. . . .	25 »
8^m00 — — —	. . . .	50 »

DÉPARTEMENTS

1^m00 de superficie, par an (100 affiches au moins)	. . . .	10 fr.
2^m00 — — —	. . . .	15 »
4^m00 — — —	. . . .	25 »
8^m00 — — —	. . . .	50 »

AFFICHES PEINTES
depuis 10 fr. le mètre

SUR LES MURS DE LA VILLE DE PARIS
(SEUL CONCESSIONNAIRE)

N. B. — Les droits de timbre, les attributs et lettres en or ou en argent ne sont pas compris dans les prix du Tarif.

La peinture est faite par la Maison Defoly.

Téléphone.

PUBLICITÉ

DANS LES

WAGONS A VOYAGEURS

DE LA

Cie des Chemins de fer de l'Ouest

1re classe.

Ce mode de publicité, déjà fort usité et apprécié en Amérique, en Angleterre, en Belgique, en Suisse, en Autriche, etc., a fait aujourd'hui ses preuves en France, et son grand succès provient précisément de ce qu'il est seul à réaliser pratiquement la définition de la publicité :

Fixer dans la mémoire en frappant les yeux.

Quant aux résultats utiles qu'on peut en attendre, il suffit de rappeler que, d'après la statistique officielle, la Compagnie des Chemins de fer de l'Ouest transporte annuellement de *soixante à soixante-dix millions* de voyageurs.

Les Annonces sont frappées en relief sur drap
et placées au-dessous du filet.

TARIF DES ANNONCES EN 1re CLASSE :

Largeur **45** *centimètres*   ⎰   **30 francs par annonce**
Hauteur **25**   —   ⎱   **et par année.**

En plus, une somme à forfait de **100** *francs*
pour la confection de l'annonce.

Tous Renseignements, Modèles et Types sont envoyés FRANCO sur demande à MM. les Commerçants et Industriels.

PUBLICITÉ

DANS LES

WAGONS A VOYAGEURS

DE LA

Cie des Chemins de fer de l'Ouest.

2e et 3e classes

M. DUFAYEL, concessionnaire de la Publicité dans les Voitures à Voyageurs de la Cie des Chemins de fer de l'Ouest, informe les Commerçants et Industriels qu'il met à leur disposition des *Tableaux-Annonces*, apposés dans l'intérieur des wagons de 2e et 3e classe.

Ce mode de publicité, nouveau en France, mais déjà largement exploité en Amérique, en Angleterre, en Belgique, en Suisse, en Autriche, etc., est indiscutablement le seul qui mette en pratique la définition de la Publicité : *Fixer dans la mémoire en frappant les yeux.*

Quant aux résultats utiles qu'on peut en attendre, il suffit de rappeler que la Cie des Chemins de fer de l'Ouest transporte annuellement plus de soixante millions de voyageurs.

Les Annonces sont contenues dans des cadres courant au-dessus des dossiers des wagons de 2e classe, et apposés sur les parois de fond et de côté des wagons de 2e et 3e classe.

Elles doivent être imprimées en litho-peinture et ne peuvent contenir qu'un texte, sans dessins ni figures.

TARIF

	DIMENSIONS DES CASES	PRIX PAR ANNÉE
Voitures de 2e classe	Largeur 15 ^c/_m sur 11 1/2 de hauteur.	5 fr. par case.
	— 15 ^c/_m — 23 —	10 » —
	— 30 ^c/_m — 23 —	20 » —
Voitures de 3e classe	Largeur 15 ^c/_m sur 11 1/2 de hauteur.	4 fr. par case.
	— 15 ^c/_m — 23 —	8 —
	— 30 ^c/_m — 23 —	16 » —

Tous Renseignements, Modèles et Types sont envoyés FRANCO sur demande. à MM. les Commerçants et Industriels.

AFFICHAGE NATIONAL
Dufayel.

PRIX COURANT POUR AFFICHES WAGONS

Format : 0,30 × 0,23

QUANTITÉS	1 COULEUR	2 COULEURS	3 COULEURS	4 COULEURS
	Fr.	Fr.	Fr.	Fr.
25. . . .	40 »	50 »	60 »	70 »
50. . . .	50 »	60 »	70 »	80 »
100. . . .	70 »	80 »	95 »	105 »
200. . . .	125 »	145 »	165 »	185 »
300. . . .	175 »	205 »	230 »	260 »
400. . . .	225 »	255 »	290 »	330 »
500. . . .	275 »	310 »	350 »	390 »
1,000. . . .	500 »	585 »	660 »	725 »

Nota. — Se payent en plus, la dorure or fin et les frais d'établissement des dessins ou marques de fabrique, quand il y en a.

DISTRIBUTION A DOMICILE

DE

PROSPECTUS SOUS ENVELOPPE ET SOUS BANDE

Voir pages 23 et suivantes.

BUFFETS PARISIENS

Les Buffets parisiens, d'un modèle très coquet et dans lesquels on vend du café, du chocolat, du lait, des sirops, des gâteaux et des oranges, sont au nombre de vingt-deux, placés sur les grandes voies.

Voici les emplacements :

Plateau du Cirque d'hiver.
Place de la République.
Plateau de l'Ambigu.
Boulevard Bonne-Nouvelle, *devant la Ménagère.*
—   —   *devant le Gymnase.*
Boulevard de la Madeleine, *face aux omnibus.*
Luxembourg.
Square Cluny.
Tribunal de Commerce.
Place du Châtelet.
Square Saint-Jacques.
Boulevard de Sébastopol, *coin de la rue Aubry.*
—   —   *coin de la rue Turbigo.*
Boulevard de Strasbourg, *face aux Funambules.*
Square du Temple.
Place Cadet.
Boulevard du Temple, *coin de la rue Charlot.*
Boulevard des Capucines, *rue Basse-du-Rempart.*
Boulevard Magenta, *près gare du Nord.*
—   *près gare de l'Est.*
Boulevard Sébastopol, 116.
Boulevard Malesherbes, *près Madeleine, station des tramways.*

Chaque buffet est garni de vingt carreaux destinés à recevoir des annonces format colombier. La publicité est diurne et nocturne.

Prix du grand carreau . . . . . . **50 fr.** par an.
Prix des carreaux en bande 1/2 col. **30 fr.** —

Soubassements, au nombre de 6 par buffet :

1ᵐ20 de large sur 0ᵐ60 de haut . . **30 fr.** par an.

Fourniture des affiches pour les carreaux et des tôles peintes pour les soubassements, à la charge des clients.

Téléphone.

RÉCLAMES

DANS LES

STATIONS BALNÉAIRES

TROUVILLE

ROYAN

LUCHON

DE GRÉ A GRÉ

TÉLÉPHONE

PUBLICITÉ

AU

THÉATRE DE LA RÉPUBLIQUE

SUR LE RIDEAU

ET DANS LES COULOIRS

PUBLICITÉ

AU

THÉATRE DES FOLIES-DRAMATIQUES

SUR LE RIDEAU

On traite de gré à gré.

PUBLICITÉ FINANCIÈRE

dans plus de 1200 journaux

DE PROVINCE

ENCARTAGE

Financier, Industriel et Commercial

dans plus de 1200 journaux

DE PROVINCE

SERVICE SPÉCIAL POUR ÉMISSIONS

POUR TRAITER, S'ADRESSER A L'ADMINISTRATION :
11, 13, 15, Boulevard Barbès, PARIS

LOI DU 26 JUILLET 1893

Art. 5. — A partir du 1ᵉʳ janvier 1894, le droit édicté par la loi du 8 juillet 1852, pour toute affiche inscrite dans un lieu public, sur les murs, sur une construction quelconque, ou même sur toile, au moyen de la peinture ou de tout autre procédé, est remplacé par une taxe de timbre fixée ainsi qu'il suit : 1 franc par mètre carré pour les affiches apposées dans les communes dont la population est de moins de 5,000 habitants; 50 centimes par mètre carré pour les affiches apposées dans les communes de 5,000 à 50,000 habitants; 2 francs par mètre carré pour les affiches apposées dans les communes d'une population supérieure à 50,000 habitants; 2 fr. 50 c. par mètre carré à Paris.

La taxe n'est due qu'une fois pour toute la durée de l'affiche.

Pour la liquidation du droit, toute fraction de mètre carré est comptée pour un mètre carré.

Ces droits ne sont pas soumis aux décimes.

Art. 7. — Toute infraction aux dispositions ci-dessus et toute contravention au règlement à intervenir seront punies d'une amende de 100 francs en principal, sans préjudice du payement des droits dont le Trésor aura été frustré.

Toute personne qui veut inscrire des affiches dans un lieu
public, sur les murs, sur une construction quelconque, ou
même sur toile au moyen de la peinture ou de tout autre
procédé, est tenue, préalablement à toute inscription : 1° d'en
faire la déclaration au bureau de l'Enregistrement dans
la circonscription duquel se trouvent les communes où les
affiches doivent être placées, et, à Paris, à l'un des bureaux
désignés à cet effet par l'Administration de l'Enregistrement;
2° d'acquitter une taxe établie par la loi du 26 juillet 1893.

La déclaration, rédigée en double minute, est datée et
signée, soit par celui dans l'intérêt duquel l'affiche doit être
apposée, soit par l'entrepreneur d'affichage. Elle doit contenir les énonciations suivantes : 1° le texte de l'affiche;
2° les nom, prénoms, profession et domicile de ceux dans
l'intérêt desquels l'affiche doit être inscrite; 3° les nom,
prénoms et domicile de l'entrepreneur de l'affichage; 4° la
surface de l'affiche (en mètres et décimètres carrés); 5° le
nombre des exemplaires à inscrire; 6° la désignation pré-
cise des rues et places, ainsi que des maisons, des édifices,
des constructions mobiles ou des emplacements où chaque
exemplaire doit être inscrit; 7° une déclaration particulière
doit être souscrite pour chaque affiche ou annonce distincte
et pour la circonscription de chaque bureau d'Enregistrement.

AFFICHAGE NATIONAL
Dufayel.

LISTE DES URINOIRS
DE LA
VILLE DE PARIS

Pouvant recevoir à l'intérieur et sur les écrans extérieurs des affiches 1/4 colombier et 1/2 colombier.

ON PEUT ÉGALEMENT FAIRE DES ANNONCES EN PEINTURE
SUR LES ÉCRANS EXTÉRIEURS

TARIF
DES URINOIRS DE LA VILLE DE PARIS

PRIX PAR ANNÉE

INTÉRIEUR

TIMBRE				
0.06	1/4 colombier	3 fr.	(0.41 $\times$ 0.30).
0.12	1/2 colombier	5 fr.	(0.60 $\times$ 0.41).
0.18	Colombier	7 fr.	(0.82 $\times$ 0.60).

EXTÉRIEUR

TIMBRE				
0.06	1/4 colombier	5 fr.	(0.41 $\times$ 0.30).
0.12	1/2 colombier	8 fr.	(0.60 $\times$ 0.41).
0.18	Colombier	12 fr.	(0.82 $\times$ 0.60).

En peinture soignée, faite par la Maison DEFOLY, depuis **15 francs** *le mètre courant, par année.*

Les droits de timbre et d'enregistrement, les atributs et les lettres or ou argent seront payés en sus des prix ci-dessus désignés.

TABLEAU SYNOPTIQUE DU RECENSEMENT DES HABITANTS DE PARIS

PAR ARRONDISSEMENTS ET AVEC LE CHIFFRE DE LOYER IMPOSABLE

Nos d'ordre	NOMS des ARRONDISSEMENTS	ORDRE ET NOMS DES 80 QUARTIERS DE PARIS	LOYERS DE : 2401 fr. et au-dessus	1201 fr. à 2400 fr.	401 fr. à 1200 fr.	400 fr. et au-dessous	TOTAL	Propriétaires et GÉRANTS
1	LOUVRE.	St-Germain-l'Auxerrois, Halles, Palais-Royal, pl. Vendôme.	4.631	2.627	6.148	6.389	19.795	3.107
2	BOURSE.	Gaillon, Vivienne, Mail, Bonne-Nouvelle.	6.186	3.101	5.561	7.778	22.626	3.397
3	TEMPLE	Arts-et-Métiers, Enfants-Rouges, Archives, Ste-Avoie. . .	3.219	3.227	8.195	13.163	27.804	3.324
4	HOTEL-DE-VILLE .	St-Merri, St-Gervais, Arsenal, Notre-Dame.	2.373	2.764	6.485	15.180	26.802	3.907
5	PANTHÉON. . . .	St-Victor, Jardin-des-Plantes, Val-de-Grâce, Sorbonne. .	1.546	2.371	9.045	18.270	31.232	4.109
6	LUXEMBOURG . .	Monnaie, Odéon, N.-D.-des-Champs, St-Germain-des-Prés.	2.859	3.811	8.211	14.576	29.457	3.966
7	INVALIDES. . . .	St-Thomas-d'Aquin, Invalides, Ecole-Militaire, Gros-Caillou.	2.964	2.397	6.707	12.374	24.442	3.598
8	ÉLYSÉE.	Champs-Elysées, Roule, Madeleine, Europe	8.984	5.487	6.976	4.589	26.036	4.445
9	OPÉRA	St-Georges, Ch.-d'Antin, Rochechouart, Faub.-Montmartre.	7.716	6.837	15.596	12.060	42.203	4.479
10	ENCLOS St-LAURENT	St-Vt-de-Paul, Pte-St-Denis, Pte-St-Martin, Hôpital-St-Louis.	4.434	5.025	15.614	24.465	49.538	5.335
11	POPINCOURT. . .	Folie-Méricourt, St-Ambroise, Roquette, Ste-Marguerite.	2.575	3.785	12.744	43.445	62.549	5.712
12	REUILLY	Bel-Air, Picpus, Bercy, Quinze-Vingts.	1.037	1.338	6.404	19.975	28.754	4.324
13	GOBELINS. . . .	Salpêtrière, La Gare, Maison-Blanche, Croulebarbe . . .	564	927	4.351	20.311	26.153	4.585
14	OBSERVATOIRE. .	Montparnasse, Santé, Petit-Montrouge, Plaisance. . . .	595	1.240	7.055	23.247	32.137	5.624
15	VAUGIRARD . . .	St-Lambert, Necker, Grenelle, Javel.	676	1.305	6.014	25.430	33.125	6.270
16	PASSY	Auteuil, La Muette, Porte-Dauphine, Les Bassins. . . .	3.340	3.321	7.506	8.035	22.202	6.664
17	BATIGNOLLES . .	Ternes, Plaine-Monceau, Batignolles, Epinettes.	2.790	3.755	15.599	30.509	52.653	7.746
18	MONTMARTRE . .	Grandes-Carrières, Clignancourt, Goutte-d'Or, La Chapelle.	1.289	1.904	13.332	49.006	65.531	7.697
19	BUTTES-CHAUMONT	La Villette, Pont-de-Flandre, Amérique, Combat. . . .	983	1.427	4.285	28.211	34.906	4.489
20	MÉNILMONTANT .	Belleville, St-Fargeau, Père-Lachaise, Charonne	534	1.228	4.840	32.158	38.780	7.508
			59.295	57.877	170.668	408.874		100.283
				695.714			696.711	

NOTICE

La publicité est l'âme du commerce. Elle est indispensable au développement de l'industrie.

Le négociant qui possède une maison achalandée peut vivre sans avoir recours à la publicité, mais, s'il veut prospérer et donner à son établissement une plus grande extension et obtenir des résultats immédiats, la publicité lui est indispensable.

L'industriel qui fonde une nouvelle usine, devra ouvrir à son compte de frais généraux, un large crédit à la publicité; le dédommagement ne se fera pas attendre; il arrivera vite à un succès qu'il n'eût atteint autrement qu'avec beaucoup de peine et après de longues années de labeur.

Il suffit de donner comme exemple les progrès immenses que la publicité a fait faire aux grands magasins de nouveautés, et cette publicité, si utile aux vendeurs, ne l'est pas moins aux acheteurs. Les dames comparent les échantillons et les prix que contiennent les catalogues qu'elles reçoivent.

Les propriétaires, usiniers, fabricants en général, sont renseignés par les catalogues des constructeurs de serres, grilles, machines à vapeur, machines-outils et autres; les manufacturiers, par les prix courants mensuels des producteurs et négociants de matières premières.

Nous recommandons surtout les deux formes suivantes de publicité : celle du prospectus et celle de l'affiche.

PROSPECTUS

Lorsque vous lisez un journal, votre attention est sollicitée par vingt annonces à la fois; si vous lisez un prospectus, une seule chose vous frappe : son contenu.

Le négociant qui veut annoncer ses produits, le libraire qui désire faire connaître ses publications, le fabricant qui met ses voyageurs en route, peuvent exposer longuement et détailler leurs articles, leurs prix, les avantages qu'ils offrent, dans une circulaire que nous n'adressons qu'aux personnes (professions ou catégories) qu'elle pourra intéresser; résultats qu'ils ne pourraient atteindre par les annonces de journaux.

Chaque destinataire est intéressé par les communications qu'il reçoit : quel est, en effet, l'amateur de jardinage qui ne consultera pas le catalogue de Vilmorin, le pêcheur qui fera fi de celui de Moriceau, la femme qui restera indifférente devant les catalogues du Bon Marché, du Louvre ou du Printemps?

PRIX

Les différences de poids et de formats des imprimés à expédier rendent presque impossible la formation de tableaux exacts des prix.

Nous allons cependant essayer d'en donner une idée :

Pour PARIS, nous offrons trois services :

Distribution à domicile, sous enveloppes ou sous bandes.
Distribution sur la voie publique.

1° Sous Enveloppes. — Pour un prix variant de 25 à 50 francs, suivant la qualité et le format des enveloppes, le poids et le nombre de feuilles des imprimés, nous nous chargeons de fournir les enveloppes, la confection des adresses, de faire le pliage des imprimés, de les mettre sous enveloppes et d'effectuer leur distribution.

Ces adresses sont établies, soit d'après notre recensement particulier, comprenant tous les habitants de Paris, rue par rue, maison par maison, étage par étage, avec la valeur *approximative* du loyer; soit par catégories de professions, de milieux, de situation (*High-Life, Tout Paris, Monde élégant, Littéraire,— Scientifique, Financiers, notables Commerçants, etc.*).

Si une maison de nouveautés, un pharmacien, un commerçant quelconque veut s'adresser à tous les habitants de son quartier, de son arrondissement ou d'un périmètre désigné, sans distinction de professions, pourvu que les destinataires payent au moins un loyer de 500 fr., 1,000 fr., 3,000 francs, nous faisons usage de notre recensement.

Un fabricant de produits chimiques veut-il s'adresser aux pharmaciens et aux droguistes seulement; un fabricant de co leurs aux peintres seuls, nous adressons à ces seules professions, mentionnées sur notre liste de catégories, dont détail plus loin.

Une modiste veut-elle s'adresser au monde élégant, un auteur au monde littéraire, un savant aux sociétés savantes, aux académies, au monde scientifique; un héraldiste, auteur ou graveur, à la noblesse ou au high-life, un banquier aux rentiers, nous possédons toutes ces classifications.

Le service sous enveloppes est indispensable aux communications destinées à passer par plusieurs intermédiaires, concierges, domestiques, employés, tandis que celui sous bandes, moins cher, peut être utilisé pour les imprimés à remettre directement, dans les magasins du rez-de-chaussée, aux destinataires eux-mêmes.

2° Sous Bandes. —Nous fournissons la bande, l'adresse

la mise sous bandes et la distribution au prix de 15 à 25 fr. le mille.

3° **Voie publique.** — Pour ce service, le prix est à débattre.

Nous nous chargeons aussi de la distribution, à Paris, des imprimés mis sous enveloppes et adressés par les clients eux-mêmes ; le prix varie suivant le poids et le format.

Pour les DÉPARTEMENTS, le service se fait généralement sous bandes, à des prix qui varient selon le travail et le délai accordé à son exécution, de 5 à 10 francs le mille, la maison fournissant les bandes, les adresses, le pliage de l'imprimé et la mise sous bandes (affranchissement en plus).

Quand les clients ne demandent que des bandes adressées, le prix est de 3 fr. 50 c. à 5 francs le mille.

Nous pouvons fournir les listes électorales de toute la France en vue des périodes d'élections. Nous nous chargeons aussi de la distribution, sous enveloppes dans les villes suivantes :

Abbeville, Alger, Angers, Angoulême, Amiens, Bayonne, Bergerac, Bernay, Besançon, Béziers, Bône, Bordeaux, Boulogne-sur-Mer, Bourges, Brest, Caen, Cahors, Calais, Carcassonne, Castres, Cherbourg, Clermont-Ferrand, Dieppe, Dijon, Dunkerque, Flers, Genève, Grenoble, Le Havre, Le Mans, Lille, Limoges, Lyon, Mâcon, Marseille, Meaux, Montpellier, Moulins, Mulhouse, Nancy, Nantes, Nice, Nîmes, Niort, Orléans, Pérgueux, Perpignan, Poitiers, Pontoise, Reims, Rennes, Roanne, Roubaix, Rouen, Saint-Étienne, Saint-Pol-sur-Ternoire, Saint-Quentin. Soissons, Salins-les-Bains, Toulon, Toulouse, Tourcoing, Tours, Troyes, Valenciennes, Versailles.

Pour ce service, les prix varient de 40 à 75 francs le mille.

Pour l'ÉTRANGER, le service se fait presque toujours sous enveloppes ouvertes, l'affranchissement étant toujours de 5 centimes pièce sous bandes, comme sous enveloppes. Nous fournissons l'enveloppe, l'adresse, la mise sous enveloppe ouverte, pour le prix de 8 à 15 francs, suivant les Etats.

Le tableau ci-dessous résume les renseignements qui viennent d'être donnés.

PRIX

PARIS. — Enveloppes, Adresses, Pliage de l'imprimé, Mise sous enveloppes et Distribution .	**25** »	à **50** le mille
— Bandes, Adresses, Pliage de l'imprimé, Mise sous bandes et Distribution	**15** »	à **25** —

PROVINCE.—Bandes, Adresses, Pliage
de l'imprimé et Mise sous
bandes . . . . **5** » à **10** le mille
— Bandes et Adresses. . . . . **3 50** à . **5** —
— Pliage et Mise sous bandes. **2** » à **5** —
ÉTRANGER.—Enveloppes et Adresses. **8** » à **15** —
Distribution ⎰ Sous enveloppes . . . **2** à **3** centimes.
seule . . . ⎱ Sous bandes. . . . . . **1** centime.

Les imprimés pour la province ou pour l'étranger, une fois
préparés et ficelés par cent, sont mis à la disposition du client.

À son choix, nos voitures les livrent chez lui, ou s'il désire en effectuer de suite l'envoi par la poste, le conduisent
immédiatement à l'Hôtel des Postes, où il n'a qu'à déclarer
la quantité. Cette administration se charge elle-même du soin
de les revêtir de l'affranchissement, aux conditions du tableau
ci-dessous, n° 1 pour les imprimés, n° 2 pour les périodiques.

Lorsque notre client nous charge de cette remise, nous
retirons un reçu de cette administration et le lui remettons
comme justification.

Tableau n° 1.

TARIF

DES CIRCULAIRES, PROSPECTUS, CATALOGUES, AVIS DIVERS ET PRIX COURANTS,
LIVRES, CIRCULAIRES ÉLECTORALES OU BULLETINS DE VOTE,
GRAVURES, LITHOGRAPHIES EN FEUILLES, BROCHÉES OU RELIÉES, CARTES
DE VISITE, AVIS DE NAISSANCE, MARIAGES OU DÉCÈS
dont l'expédition a lieu sous bandes

INDICATION DU POIDS	PRIX PAR PAQUET ou exemplaire isolé
A 5 grammes et au-dessous	» f **01**
Au-dessus de 5 gr. jusqu'à **10** gr. inclusivement. .	» **02**
De 10 grammes à 15 grammes inclusivement . .	» **03**
De 15 — à 20 — — . .	» **04**
De 20 — a 50 — — . .	» **05**
De 50 — à 100 — — . .	» **10**
De 100 — à 150 — — . .	» **15**
De 150 — à 200 — — . .	» **20**
De 200 — à 250 — — . .	» **25**
De 250 — à 300 — — . .	» **30**

Et ainsi de suite en ajoutant **5** centimes par **50** grammes ou fraction
de **50** grammes.
LIMITE DU POIDS : **3 kilogrammes.**
*On peut également mettre les imprimés sous enveloppes ouvertes
à raison de 5 centimes par fraction de 50 grammes.*
Ce prix est le même pour Paris, la France et l'Étranger.

Tableau n° 2.

TARIF

DES JOURNAUX, RECUEILS, ANNALES, MÉMOIRES ET PUBLICATIONS PÉRIODIQUES

Traitant de matières politiques,

commerciales et autres et paraissant au moins une fois par trimestre.

INDICATION du POIDS	PRIX PAR CHAQUE EXEMPLAIRE		
	expédié hors du département où a lieu la publication ou des départements limitrophes	publié dans les départements de la Seine ou de *Seine-et-Oise* et expédié dans le département où il est publié	publié dans les départements autres que ceux de la *Seine* et de *Seine-et-Oise* et expédié soit dans le département où a lieu la publication, soit dans les départements limitroph
	fr. c.	fr. c.	fr. c.
Jusqu'à 25 grammes . . .	» 02	» 01	» 01
Au-dessus de 25 gr. jusqu'à 50 inclus.	» 03	» 01 1/2	» 01
De 50 jusqu'à 75 gr. incl.	» 04	» 02	» 01 1/2
De 75 — 100 —	» 05	» 02 1/2	» 02
De 100 — 125 —	» 06	» 03	» 02 1/2
De 125 — 150 —	» 07	» 03 1/2	» 03
De 150 — 175 —	» 08	» 04	» 03 1/2
De 175 — 200 —	» 09	» 04 1/2	» 05
Et ainsi de suite en ajoutant.	» 01	1/2 centime	1/2 centime

par 25 grammes ou fraction de 25 grammes.

LIMITE DU POIDS : 3 kilogrammes.

Dufayel.

PROFESSIONS
LIBÉRALES ET COMMERCIALES
PARIS ET DÉPARTEMENTS

Les listes ci-dessous, divisées par catégories et classées par
lettres alphabétiques pour Paris et les départements facilite-
ront à nos clients la recherche des professions auxquelles ils
désirent recourir pour l'envoi des imprimés.

L'espace nous manque pour indiquer toutes les professions ;
mais nous sommes en mesure de fournir toutes celles qui ne
figurent pas dans la présente énumération.

PRINCIPALES CATÉGORIES

CATÉGORIES	QUANTITÉS	
	PARIS	Départe- ments
A		
Académies (membres des)	200	550
Académie de médecine	89	»
Accordeurs de pianos	39	»
Achats (maisons d')	60	»
Acides et acétates	20	60
Aciers fondus et en barre	73	»
Acier poli (fabricants d'objets en)	102	»
Acoustique (instruments d')	28	»
Acteurs et Actrices	725	»
Adjoints au maire	40	36.000
Administrateurs de chem. de fer et de Sociétés financières	640	»
Administrateurs judiciaires	7	»
Affineurs de métaux	27	»
Agences d'affaires et vente de fonds	390	1.895
Agents d'assurances	»	5.837
Agents de change	60	199
Agents de manufactures	296	»
Agents voyers	25	4.145
Agences anglaises	34	367
Agences en douane	7	»
Agences dramatiques	26	»

CATÉGORIES	QUANTITÉS	
	PARIS	Départe- ments
Agences maritimes	61	»
Agrès	15	190
Agriculteurs	»	22.088
Agriculture (chambre d')	15	300
Agriculture (Société d')	»	714
Agriculture de France (memb. de la Société d')	2.220	6.854
Agriculture (instruments d')	29	»
Aiguilles et épingles (fabr. et marchands d')	49	»
Albumine d'œufs et de sang	12	»
Alcaloïdes	16	28
Alcools (fabr. et rectific. d')	10	»
Aluminium (fabr. et march. d')	7	»
Alun et couperose	9	19
Ambassades et consulats	80	974
Ameublement (fabricants et marchands d'étoffes d')	105	»
Amidon et fécules	34	»
Amiraux, vice-amiraux, contre-amiraux et officiers de la marine de l'Etat	25	1.986
Ammoniaque et dérivés	16	20
Aniline et couleurs d'aniline	4	»
Anneaux et poulies	12	»
Antimoine	6	5
Antiquités, curiosités, tableaux et objets d'art (marchands d')	245	»
Apprêteurs d'étoffes	96	249
Apprêteurs en métaux	46	»
Arbitres de commerce	86	»
Archevêques et évêques	1	90
Architectes	2.100	3.487
Archives nationales	18	»
Archivistes	»	87
Ardoises	19	»
Argent en feuilles et en poudre	5	16
Argenteurs sur métaux	124	»
Armateurs	22	1.168
Armées de terre (généraux et officiers de tous corps)	»	19.841
Armuriers	141	1.448
Arrosage (fabr. d'appareils d')	17	»

CATÉGORIES	QUANTITÉS	
	PARIS	Départements
Arsenic	6	
Artificiers	14	»
Artistes dramatiques	150	»
Artistes lyriques	100	»
Artistes musiciens, compositeurs, chefs d'orchestre, professeurs, instrumentistes et directeurs de sociétés musicales et orphéoniques	3.000	6.000
Artistes (peintres, sculpteurs et graveurs)	1.120	250
Arts et Manufactures (Chambre des)	»	160
Asiles (voir crèches et asiles)	»	»
Asiles d'aliénés	2	46
Asphaltes et bitume (fabricants d')	25	26
Assurances (directeurs des Compagnies d')	125	1.074
Aubergistes	20	91.851
Avocats	910	4.862
Avoués	200	2.557

B

CATÉGORIES	PARIS	Départements
Bâches, toiles et sacs (fabr. de)	4	»
Bains publics	203	517
Balances, bascules	96	»
Baleines	15	15
Bals publics	45	»
Bandagistes et orthopédistes	154	270
Banques, banquiers et sociétés financières	653	3.157
Barèges	12	»
Baromètres	25	»
Barytes	7	20
Bas (fabricants et marchands de)	164	1.500
Batistes	28	»
Batteurs d'or et d'argent	49	30
Bazars et galeries	215	2.850
Benzine	76	676
Bestiaux (éleveurs et négociants en)	31	2.991
Beurres, œufs et fromages (négociants en)	155	1.739
Bibliothèques	»	100
Bijoutiers et horlogers, orfèvres et joailliers	3.100	11.700
Billards (fabricants de)	100	»

CATÉGORIES	QUANTITÉS	
	PARIS	Départe-ments
Bimbeloterie et jouets	475	950
Biscuits (fabricants de)	30	»
Blanchisseries	63	»
Blanchisseuses de fin	2.238	»
Blancs et bleus divers	45	50
Blondes	316	»
Bois divers (de construction, de teinture, etc.)	340	»
Bois à brûler et charbons	259	14.840
Boissellerie et vannerie	39	1.567
Bonneterie (fabricants de)	182	»
Bonneterie et mercerie en détail	1.362	18.200
Borax	6	17
Bottiers-cordonniers et chaussures	3.800	20.978
Bouchers	1.534	19.166
Bouchons (fabr. et marchands de)	104	»
Boucles (fabr. et marchands de)	57	»
Bougies et stéarine (fabr. de)	44	1.261
Bouillon (établissements de)	78	»
Boulangers	1.805	28.648
Boulons et ferronnerie (fabr. de)	51	350
Bourreliers, selliers et harnacheurs	113	7.319
Bouteilles (fabr. et marchands de)	70	»
Boutons (fabricants de)	351	»
Brasseurs	110	2.295
Bretelles et jarretières	82	»
Brevets d'invention	46	»
Briques, chaux, ardoises, tuiles et carreaux	78	5.750
Brocheurs, assembleurs, satineurs	60	»
Broderies (fabricants de)	231	1.169
Bronzes (fabricants de)	559	»
Brosseries et pinceaux	261	2.474
Brunisseurs et polisseurs	130	»
Bureaux de placement	197	»
— de bienfaisance (présidents)	»	7.497
— — (secrétaires)	»	7.497
Buscs (fabricants de)	52	»

AFFICHAGE NATIONAL
Dufayel.

CATÉGORIES	QUANTITÉS	
	PARIS	Départe-ments
C		
Cabinets de lecture.	148	»
Cadres (fabricants de)	163	»
Cafés-concerts.	38	»
Cafés, glaciers, limonadiers	1.670	42.324
Cafés et thés	432	»
Cafetières (fabricants de).	38	»
Cages et volières	30	»
Caisses et coffres-forts (fabricants de)	40	»
Calicots en gros.	37	»
Calorifères et appareils de chauffage	132	»
Camionnage (entrepreneurs de).	79	»
Canaux (directeurs des compagnies de)	18	»
Cannes et parapluies (fabr. et marchands de)	133	»
Caoutchouc manufacturé.	195	832
Capsules à boucher (fabr. de).	18	»
Cordes (fabr. de)	12	»
Carrières (propriétaires et exploitations de)	21	7.438
Carrossiers et constructeurs de voitures.	327	2.258
Cartes à jouer.	24	»
Cartes géographiques	34	»
Carton (fabricants de)	108	200
Cartonnage (fabr. de)	408	250
Cartouches (fabr. de)	22	»
Casinos, bains de mer et eaux minérales	6	230
Casquettes (fabr. de)	160	»
Céramique d'art.	34	»
Cercles.	52	2.110
Céruse (fabr. de)	13	»
Chaînes (fabr. de).	59	»
Châles et cachemires (fabr. de)	122	»
Chambre de commerce (membres des).	21	935
Chambres syndicales (membres des)	5.070	»
Chambres syndicales ouvrières et sociétés de consommation.	70	»
Chandelles (fabr. de)	9	942
Changeurs de monnaie.	121	88
Chapeliers	672	6.508
Charbon de bois et charbonniers	2.300	»

CATÉGORIES	QUANTITÉS	
	PARIS	Départe-ments
Charbonnages	140	»
Charcutiers	825	7.206
Charpentiers	109	11.638
Charrons	150	10.172
Chasse (ustensiles de)	130	»
Chasseurs	6.300	19.600
Chasubliers	36	»
Châteaux	»	32.500
Chaudières à vapeur et chaudronnerie (fabr. de)	370	3.919
Chaussures (marchands de)	1.820	14.500
Chaussures (fabr. de)	»	2.652
Chaux, plâtre (nég. et fabr. de)	41	5.550
Chefs de gares et stations	32	5.829
Chefs de musique dans l'armée	29	112
Chefs d'orchestre	80	100
Chemins de fer (directeurs et employés supé-rieurs des compagnies de)	70	150
Chemins de fer (constructeurs de voies et ma-tériel de)	186	»
Chemisiers (gros et détail)	370	»
Chevaux, ânes et mulets (marchands de)	70	468
Cheveux (marchands de)	52	»
Chicorée (fabr. de)	25	250
Chiffons en gros	116	540
Chimie appliquée aux arts	73	»
Chocolatiers	167	»
Cidre (fabr. et marchands de)	16	400
Cierges (fabr. de)	35	200
Cirage (fabr. de)	45	63
Cire (fabr. de)	25	630
Ciseleurs sur métaux	132	»
Clergé (archevêques, évêques, vicaires généraux, chanoines et clergé des villes)	»	5.019
Clergé catholique de Paris	790	»
Clergé non catholique (pasteurs et rabbins)	»	890
Clous, cloutiers et taillandiers (fabr. de)	90	1.470
Coiffeurs	1.863	11.386
Collèges et lycées	9	332
Colle, colle forte et gélatine	430	200
Colonies agricoles	»	100

CATÉGORIES	QUANTITÉS	
	PARIS	Départe-ments
Cols et cravates (fab. et marchands de)	150	»
Comestibles et conserves alimentaires.	260	»
Commissaires de police	80	2.752
Commissaires-priseurs.	82	320
Commissaires répartiteurs adjoints	47	»
Comices agricoles (présidents)	»	877
Commissionnaires en marchandises	2.368	7.860
Commissionnaires et exportateurs	1.200	»
Commissionnaires et expéditeurs	183	»
Communautés religieuses (hommes).	»	1.268
Communautés religieuses (femmes)	52	7.025
Comptoirs (fabr. de).	18	»
Concierges	30.000	»
Conducteurs des ponts et chaussées	»	2.600
Confections pour dames et enfants	914	600
Confiseurs et fabricants de confitures	125	4.770
Conseil académique	25	255
Conseil d'Etat.	72	»
Conseils de fabrique.	80	36.000
Conseil supérieur de l'instruction publique	25	»
Conseillers généraux.	88	2.714
Conseillers municipaux.	80	430000
Conseillers de préfecture.	10	305
Conservateurs des hypothèques.	3	375
Conservatoire de musique	70	»
Constructeurs-mécaniciens et charpentes en fer.	257	5.537
Consuls.	46	850
Contributions indirectes (person.).	»	11.075
Contributions directes (directeurs et inspecteurs).	6	195
Contributions directes (personnel)	»	900
Contributions indirectes (directeurs et inspecteurs)	»	950
Contrôleurs des contributions.	66	1.200
Cordiers.	79	»
Corroyeurs	250	1.500
Corsets (fabr. et marchands de).	300	»
Costumiers	22	»
Coton à coudre et à marquer.	90	»
Couleurs, essences et vernis.	550	900
Cours des Comptes.	152	»
Cours et Tribunaux	294	5.221

CATÉGORIES	QUANTITÉS	
	PARIS	Départements
Courtiers d'assurances maritimes	»	91
Courtiers en marchandises assermentés	60	»
Coutellerie (fabr. de)	245	1.256
Couturières.	5.900	7.965
Couverts et service de table (fabr. et marchands de).	117	»
Couvertures et molletons (fabr. et marchands de)	45	»
Couverture et plomberie (entrepreneurs de) . . .	180	4.936
Crèches et asiles (directeurs des)	82	100
Crémiers et laitiers	5.676	»
Crêpes et tulle	65	»
Cristaux et verreries.	161	2.268
Cuirs (négociants, commissionnaires et exportation).	150	»
Cultivateurs et vignerons.	»	88.100
Curés	970	36.000
D		
Dégras	25	47
Déménagements (entrepreneurs de)	128	»
Dentelles, tulles et blondes (fabr. de).	280	677
Dentistes.	333	690
Députés	550	»
Dessinateurs industriels	316	»
Détention (maisons d'arrêt et de)	11	87
Deuil (nouveautés pour)	63	»
Diamants et pierres précieuses (négociants en) .	90	»
Distillateurs.	349	4.028
Doreurs et encadreurs.	1.000	580
Douanes (employés supérieurs).	15	622
— (service actif).	150	2.737
Doublé d'or (fabr. de).	69	»
Doublures (fabr. de)	70	»
Draps (fabr. de).	238	1.300
Droguistes	217	1.934

CATÉGORIES	QUANTITÉS	
	PARIS	Départe-ments
E		
Eaux diverses	100	150
Eaux et forêts (conservateurs et employés supérieurs des)	»	675
Eaux minérales et thermales (établissements et dépositaires)	130	330
Eaux-de-vie (fabr. d')	146	»
Ebénisterie (fabr. d')	1.126	5.101
Ecoles communales et professionnelles	150	»
Ecoles diverses	160	»
Ecoles normales primaires	10	»
Electricité (fabr. d'appareils d')	80	»
Emailleurs et émaux	155	»
Emballeurs	407	»
Employés supérieurs dans les administrations	400	32.000
Employés supérieurs des préfectures et sous-préfectures	»	1.722
Employés supérieurs des mairies	80	36.000
Encres (fabr. d')	120	60
Engrais, guano et noir animal	60	700
Enregistrement et domaines (employés supérieurs)	50	3.941
Enseignes (fabr. d')	66	»
Entrepositaires et entrepôts	79	»
— des tabacs	»	360
Entrepreneurs	2.097	19.660
Epiciers en gros	98	1.357
— en gros et en détail	4.700	83.100
Eponges	43	»
Equipements militaires	198	87
Essieux et ressorts (fabr. d')	20	1.000
Estampes (marchands d')	125	»
Etablissements libres d'instruction secondaire	371	1.259
Etablissements philanthropiques	100	»
Etiquettes (fabr. d')	98	»
Etoffes pour voitures (fabr. d')	112	»
Eventaillistes	82	»
Experts près les tribunaux	226	»

CATÉGORIES	QUANTITÉS	
	PARIS	Départe-ments
F		
Facultés	5	58
Facultés de médecine et écoles préparatoires de médecine et de pharmacie.	5	15
Faïence (fabr. et marchands de)	175	2.301
Fermes écoles et fermes modèles.	»	33
Fers, fontes et aciers (marchands et fabricants de)	147	3.637
Ferblantiers et lampistes.	363	7.323
Fil à coudre (marchands de)	25	»
Filatures	85	2.617
Flanelles	37	»
Fleuristes (jardiniers, maraîchers)	1.500	»
Fleurs artificielles et plumes (fabrique de)	920	»
Fonctionnaires divers	10.000	350.000
Fontainiers	37	»
Forges, fonderies et hauts fourneaux	277	2.083
Fouets et cravaches	50	6.954
Foulards (fabr. et marchands de)	41	»
Fourreurs et pelleteries	130	200
Fruits (négociants en)	141	»
Fumistes et poêliers et appareils de chauffage.	318	3.375
Futailles (marchands de)	87	»
G		
Gainiers	120	»
Galvanoplastie.	34	»
Gants (fabriques et marchands de).	304	2.360
Gardes champêtres	»	36.000
Gardes généraux	»	90
Gaz (usines à).	5	920
Gaz (fabriques d'appareils à)	291	»
Gendarmerie (officiers et brigadiers de)	27	4.888
Généraux de division et de brigade	»	300
Géomètres arpenteurs	22	722
Glaces (fabrique de) et miroitiers.	200	»
Glaciers	73	»
Gommes	25	60

CATÉGORIES	QUANTITÉS	
	PARIS	Départe-ments
Goudrons et résines	20	25
Grains et farines (négociants en)	185	12.227
Grainiers fleuristes	30	»
Grains et fourrages	303	»
Graisses, saindoux et suifs	70	80
Grandes écoles spéciales	160	60
Grands établissements littéraires et scientifiques	80	»
Graveurs sur bois et sur métaux	950	»
Greffiers des cours, tribunaux et justices de paix	100	4.600
Gymnastique (établissements de)	24	»

H

CATÉGORIES	PARIS	Départe-ments
Habillements confectionnés	93	»
Habitants de Paris possédant un hôtel particulier	3.600	»
Habitants de Paris ayant une voiture de luxe	6.752	»
Habitants de Paris possédant un ou plusieurs billards	3.617	»
Habitants de Paris composant les mondes politique, littéraire, industriel et financier	23.766	»
Habitants de Paris composant le monde élégant féminin	25.000	»
Habitants de Paris (recensement spécial des), par rue, par maison, par étage, avec le chiffre de loyer payé	696.950	»
Habitants de Paris payant 400 francs de loyer et au-dessous	408.000	»
Habitants de Paris, payant de 400 francs à 1,200 francs de loyer	172.921	»
Habitants de Paris, payant de 1,200 francs à 2,400 francs de loyer	57.877	»
Habitants de Paris, payant 2,400 francs et au-dessus	59.295	»
Halles et marchés (dames des)	7.500	»
Halles (facteurs des)	50	»
Haras (directeurs et inspecteurs) et dépôts d'étalons	29	59

CATÉGORIES	QUANTITÉS	
	PARIS	Départe-ments
Herboristes	510	365
Hôpitaux et hospices	48	1.610
Horlogers.	1.841	8.200
Horticulteurs, pépiniéristes.	224	6.354
Hôtels et maisons meublés.	2.906	13.960
Huiles animales, minérales et végétales et tourteaux.	230	1.301
Huiles (épuration d')	28	100
Huissiers	150	5.038

I

CATÉGORIES	PARIS	Départe-ments
Imprimeurs.	726	2.442
Imprimeurs sur étoffes	136	»
Ingénieurs	»	600
Ingénieurs civils et mécaniciens	762	2.940
Inspecteurs d'Académie	»	15
— de l'Agriculture	»	9
— des établissements de bienfaisance.	»	8
— des lignes télégraphiques. . . .	»	100
— de l'instruction publique . . .	»	375
— de l'instruction primaire . . .	11	»
— et ingénieurs des mines	13	61
— et ingénieurs des ponts et chaussées	20	652
— du service des enfants assistés. .	»	18
Instituteurs.	»	36.000
Institutions (chefs d') et maîtres de pensions	371	1.259
Institutions et pensions de demoiselles . . .	458	2.804
Institutrices.	»	36.000
Instruction publique (proviseurs, censeurs, professeurs, etc.).	»	14.960
Instruments de musique (facteurs et accordeurs d').	80	»
Instruments de pesage (bascules, balances, poids).	90	»
Instruments pour les sciences et l'optique. .	470	»

CATÉGORIES	QUANTITÉS	
	PARIS	Départe-ments
J		
Jouets et bimbeloterie (fabr. et marchands de).	412	950
Journaux, revues, bulletins scientifiques . . .	1.116	1.095
Journaux quotidiens.	128	»
— (marchands des kiosques)	1.028	»
Juges de paix.	20	2.905
Jupons (fabr. et marchands de).	98	»
L		
Lacets (fabr. et marchands de).	57	»
Laine (fabr. d'étoffes de).	138	»
Laminoirs et tréfileries.	20	150
Lampistes	313	»
Lavoirs.	243	»
Légumes secs (négociants en).	16	»
Levure (fabr. et marchands de)	9	»
Libraires et éditeurs	1.000	5.202
Limes (fabricants de)	101	»
Lingerie confectionnée (fabr. et marchands de).	737	»
Liquoristes.	476	4.028
Literie (fabr. et marchands de).	157	»
Listes électorales des vingt arrondissements et Seine.	809.000	139.000
Loges maçonniques	73	232
Loueurs de voitures.	100	»
M		
Machines à vapeur.	5.903	26.900
Machines à coudre (fabricants de).	142	519
Maçonnerie (entrepreneurs de).	820	19.660
Maires.	20	36.000
Maîtres de chapelle et organistes	40	90
Manèges	15	»
Marbres (exploitations, scieries de)	537	1.120
Mécaniciens.	944	2.983

CATÉGORIES	QUANTITÉS	
	PARIS	Départe-ments
Médecins (union médicale).	2.830	13.500
Médecins (document spécial)	»	15.455
Menuisiers	882	19.800
Mercerie en gros	145	1.460
Mercerie en détail.	1.065	27.051
Métaux (négociants en)	180	6.510
Maréchaux ferrants	134	16.300
Meubles (fabricants et marchands de).	97	291
Meules (fabricants de).	26	»
Meuniers et minotiers	146	14.500
Miel (producteurs et négociants de).	7	»
Modes	832	11.500
Mousselines (fabricants de).	150	»
Moutarde (fabricants de).	17	»
Musées (conservateurs des).	15	90
Musique (marchands de).	135	477

N

Navires et bateaux (constructeurs de).	5	70
Noblesse	6.334	17.900
Notables commerçants (liste officielle).	3.000	»
Notaires	122	8.866
Nouveautés pour dames (négociants en).	961	29.000
Nourrices (bureaux de).	13	»
Nourrisseurs	79	»

O

Octrois de France.	»	2.920
Oiseaux (marchands d') et oiseliers.	50	»
Opticiens (lunetiers et lorgnettes).	379	530
Ornements d'église.	136	296
Ouate (fabricants de).	15	»
Ostréiculteurs.	»	354

CATÉGORIES	QUANTITÉS	
	PARIS	Départements
P		
Papetiers (gros et détails)	900	5.076
Papiers (fabricants de)	66	507
Papiers peints (fabricants et marchands de)	224	»
Parapluies, cannes et ombrelles	347	2.500
Parfumerie (fabricants et marchands de)	352	2.800
Passementerie (fabricants et marchands de)	620	»
Pâtes alimentaires	53	»
Pâtissiers	497	4.770
Pavages (entrepreneurs de)	59	»
Peaussiers, mégissiers et chamoiseurs	264	»
Pêche (marchands d'ustensiles de)	130	»
Pédicures et manicures	26	»
Peintures et vitrerie	830	9.560
Pensions de famille et pensions bourgeoises	57	»
Pensionnats primaires	»	90
Perles (fabricants de)	96	»
Percepteurs	40	6.190
Phares et sémaphores	»	200
Pharmaciens	918	6.738
Photographes	401	1.185
Pianos et orgues (facteurs en)	208	306
Pipes en gros	63	»
Platine	7	»
Plomb	35	»
Plombiers et zingueurs	298	4.936
Plumes métalliques (fabricants de)	50	»
Plumes et fleurs (voir fleurs)	920	»
Pompes (constructeurs de)	130	»
Porcelaines (fabricants et marchands de)	392	190
Postes (directeurs et receveurs des)	35	8.034
Portefeuilles et porté-monnaie	248	»
Poterie (fabricants et marchands de)	76	920
Poterie d'étain	56	»
Préfets et sous-préfets	2	372
Produits chimiques	401	5.700
Professeurs divers	1.500	»
Propriétaires et gérants	100.283	300.000
Prud'hommes (membres des conseils de)	109	»

CATÉGORIES	QUANTITÉS	
	PARIS	Départe-ments
Q		
Quincailliers (annuaires)	601	10.200
Quincailliers (document spécial)	»	15.670
R		
Raffineries	7	805
Receveurs des finances	60	»
Receveurs de rentes	123	195
Référendaires au sceau	12	»
Relieurs	255	»
Religion (objets de)	148	»
Renseignements commerciaux	43	»
Représentants de commerce	471	»
Restaurants	1.100	8.315
Rôtisseurs	114	»
Rubans de soie et de velours	212	520
S		
Sabots	32	2.000
Sages-femmes	770	10.500
Salaisons (négociants en)	20	550
Savons (fabricants de)	125	280
Scies (fabricants de)	30	»
Scieries mécaniques	79	2.315
Sculpteurs industriels	615	»
Sels et soude (négociants en)	45	250
Selliers	252	13.000
Séminaires (grands et petits)	2	229
Sénateurs	300	»
Serrurerie (entrepreneurs et fabricants de)	1.093	11.000
Sociétés chorales et musicales	9	5.914
Sociétés de bienfaisance	2.000	1.800
Sociétés d'économie politique	500	»
Sociétés musicales (fanfares et orphéons)	40	7.142
Sociétés savante	160	530

CATÉGORIES	QUANTITÉS	
	PARIS	Départe-ments
Sociétés savantes médicales.	7	»
Soieries (négociants en)	296	2.123
Soufres et sulfates (négociants en).	62	195
Sucreries.	88	805
Suppléants de justices de paix	40	6.000
Syndics de faillite	30	»
T		
Tabacs (débitants de).	800	11.186
Tabacs (directeurs, inspecteurs et entreposeurs).	14	»
Tableaux (marchands et restaurateurs de). . .	117	»
Tabletterie (fabricants de)	247	»
Tailleurs	6.000	14.000
Tanneurs, mégissiers, chamoiseurs, corroyeurs et négociants en cuirs et peaux.	108	3.710
Tapis et tapisseries (fabricants de)	116	290
Tapissiers décorateurs	891	7.433
Teinturiers	»	1.614
Teinturiers et dégraisseurs.	601	2.651
Télégraphes (directeurs des)	20	1.810
Théâtres (directeurs de)	39	90
Tissus (livre des tissus de Montier).	»	107.000
Tissus (fabricants de).	»	1.873
Toiles (fabricants et marchands de).	195	4.500
Tonneliers	303	6.110
Tourneurs, repousseurs en bois et en métaux .	731	»
Transports maritimes et fluviaux (compagnies de)	70	850
Travaux publics (entrepreneurs de)	225	4.912
Trésoriers-payeurs généraux et receveurs particuliers	»	372
Tribunaux de commerce	36	1.976
Trousses de voyage et de chirurgie.	268	»
U		
Usines	350	3.788

CATÉGORIES	QUANTITÉS	
	PARIS	Départements
V		
Vanniers	39	1.567
Vernis	190	»
Vétérinaires.	95	2.899
Vidange (entrepreneurs de).	20	»
Vinaigres	45	»
Vins en gros	1.201	21.354
Vins au détail.	13.200	91.700
Vins médicinaux.	10	50
Vignerons (propriétaires des grands crus) . . .	»	10.500
Voituriers	26	2.800
Vins traiteurs	6.133	»
W		
Wagons	15	»
Z		
Zinc (mines et manufactures)	88	»

Pour plus amples détails

S'ADRESSER À
L'ADMINISTRATION : { **32, rue Clignancourt**
et
13, boulevard Barbès

UN REPRÉSENTANT DE LA MAISON SE REND A DOMICILE

quand demande en est faite

Documents très complets pour la Belgique, la Suisse, la Hollande, l'Espagne, l'Angleterre, l'Allemagne, l'Italie, etc., etc.

Voici maintenant nos conditions pour l'impression des prospectus, lorsque cette impression est confiée à nos soins.

IMPRESSION sur IN-OCTAVO sur papier coquille de 6 kilos (*)
($0^m,21$ sur $0^m,13$ 1/2).

TIRAGES à	PRIX POUR 1,000 EXEMPLAIRES					
	DOUBLE				SIMPLE	
	4 pages imprimées	3 pages imprimées et 1 page blanche	2 pages imprimées et 2 pages blanches	1 page imprimée et 3 pages blanches	2 pages imprimées	1 page imprimée et 1 page blanche
	fr. c.	fr. c.	fr. c.	fr. c.	fr. c.	fr. c.
6.000.	12 »	11 80	11 50	10 50	7 »	6 »
10.000.	10 »	9 80	9 75	8 »	6 10	4 70
20.000.	8 40	8 30	8 15	7 »	4 40	3 60
50.000.	7 20	7 10	7 »	6 40	3 70	3 »
100.000.	6 25	6 10	6 »	5 70	3 30	2 70
1.000.000.	5 35	4 25	5 10	5 »	2 30	2 15

IMPRESSION sur IN-QUARTO sur papier coquille de 6 kilos (*)
($0^m,27$ sur $0^m,21$).

TIRAGES à	PRIX POUR 1,000 EXEMPLAIRES					
	DOUBLE				SIMPLE	
	4 pages imprimées	3 pages imprimées et 1 page blanche	2 pages imprimées et 2 pages blanches	1 page imprimée et 3 pages blanches	2 pages imprimées	1 page imprimée et 1 page blanche
	fr. c.	fr. c.	fr. c.	fr. c.	fr. c.	fr. c.
6.000.	18 »	17 50	17 30	21 »	11 »	10 »
10.000.	15 20	15 »	14 80	13 »	9 »	7 »
20.000.	12 70	12 50	12 40	11 60	7 40	6 »
50.000.	11 45	11 15	11 10	10 30	6 20	5 40
100.000.	10 35	10 10	10 »	9 80	5 25	4 70
1.000.000.	9 30	9 25	9 20	9 05	4 35	4 »

(*) Ces prix ne comprennent que les impressions en texte courant. Un supplément de prix pour les **tableaux, médailles et gravures** entrant dans le texte se traitera de gré à gré.

PARIS. — IMPRIMERIE CHAIX. — 7768-4-94. — (Encre Lorilleux).

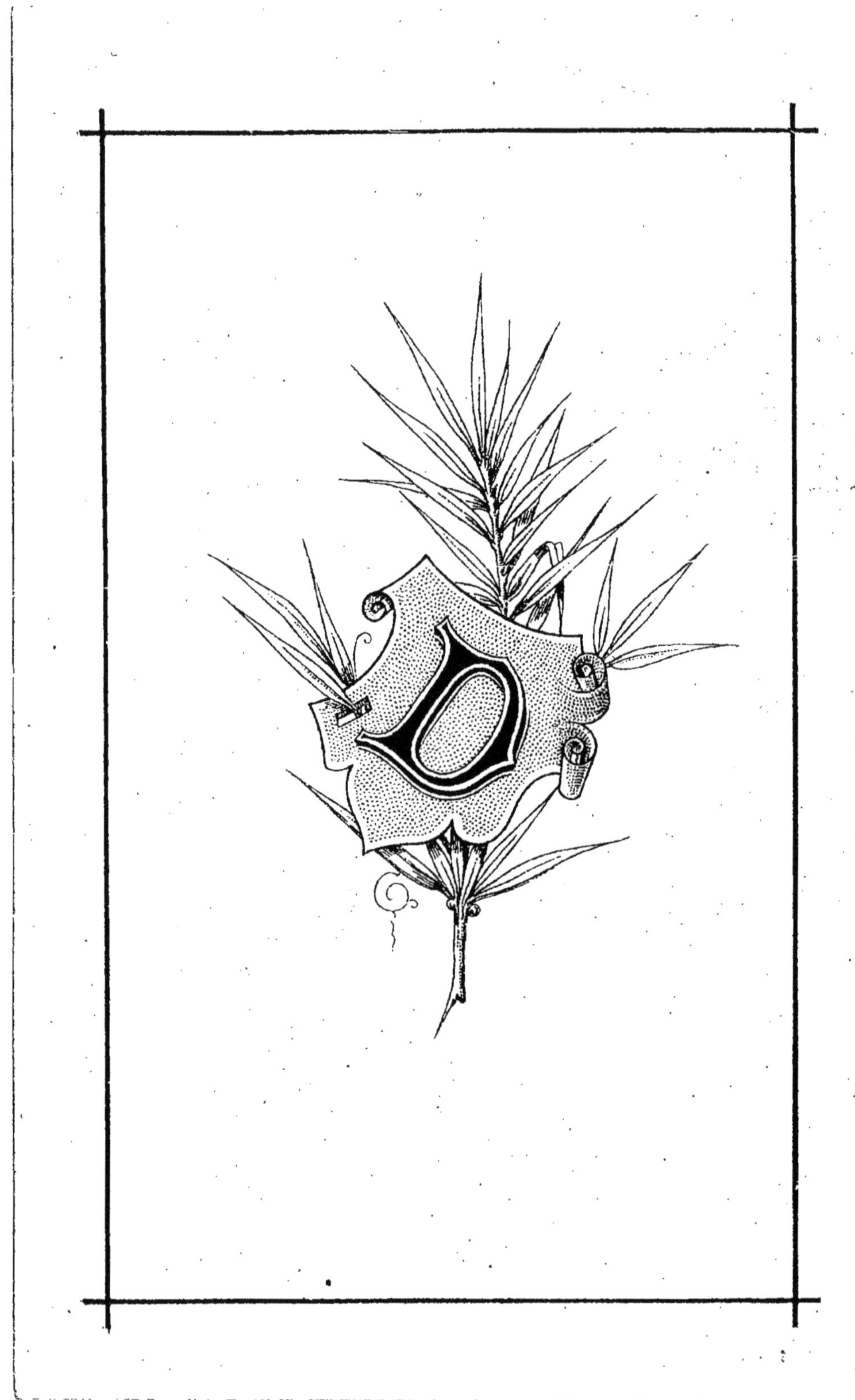